0001

1

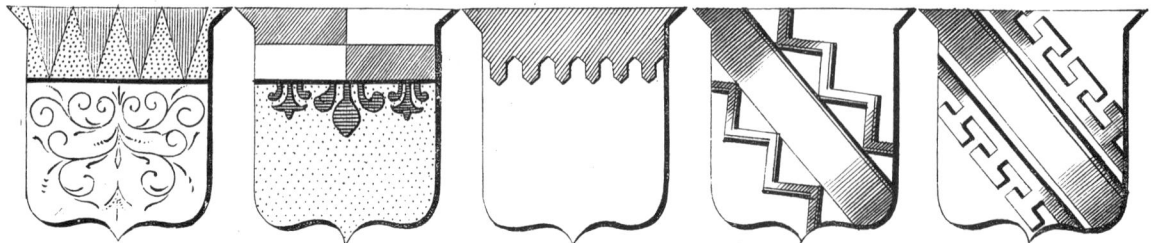

0002   0003   0004   0005   0006

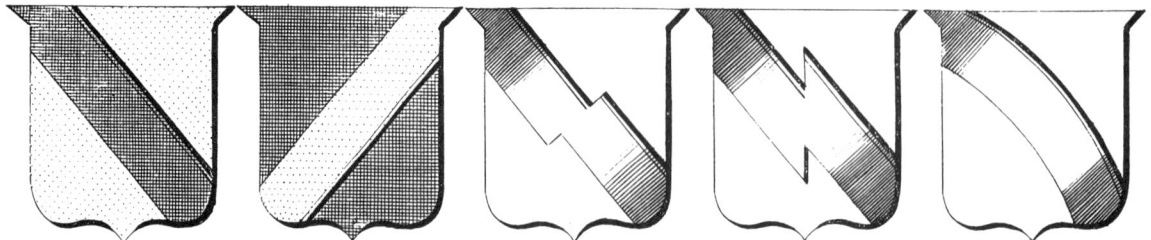

0007   0008   0009   0010   0011

0012   0013   0014   0015   0016

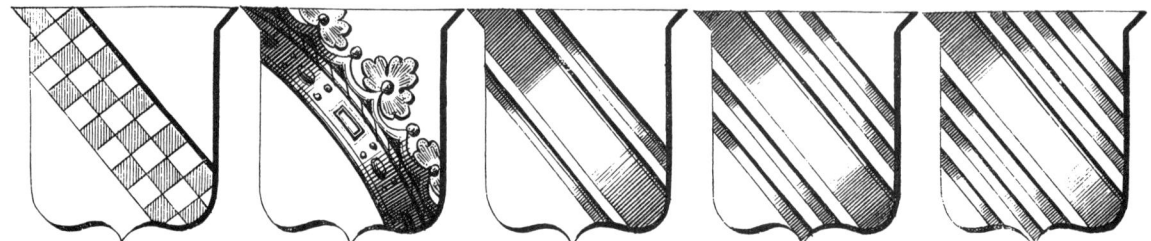

0017   0018   0019   0020   0021

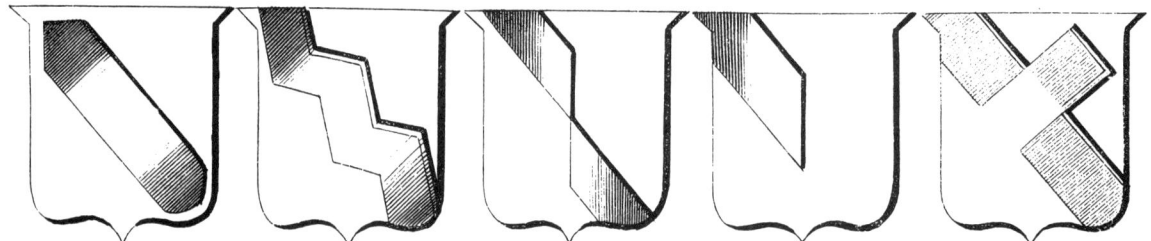

0022   0023   0024   0025   0026

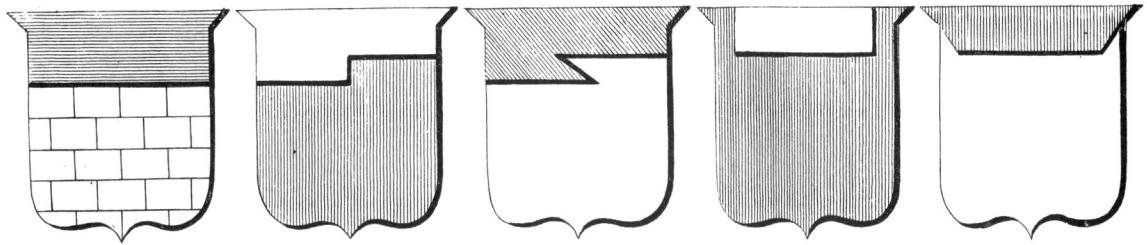

0027   0028   0029   0030   0031

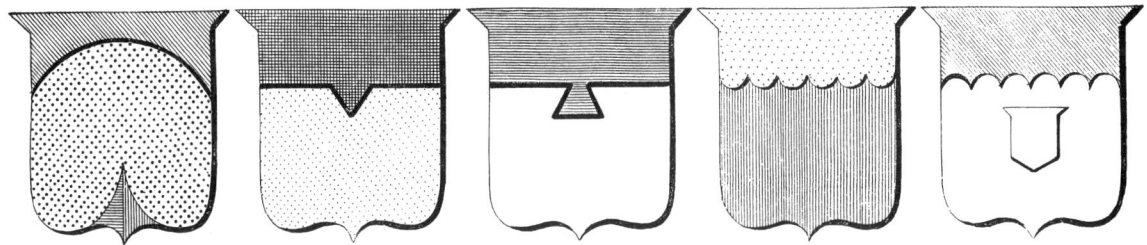

0032   0033   0034   0035   0036

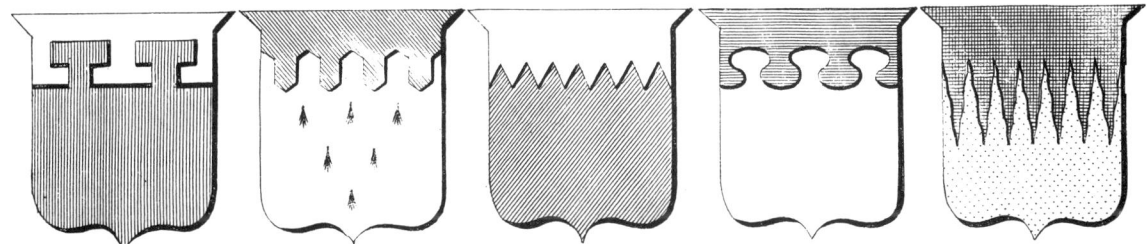

0037   0038   0039   0040   0041

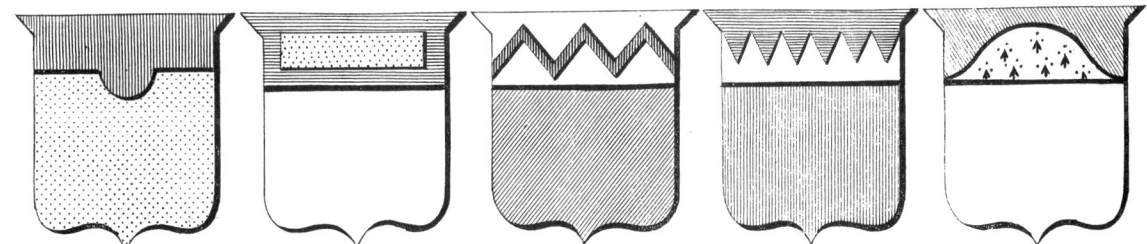

0042   0043   0044   0045   0046

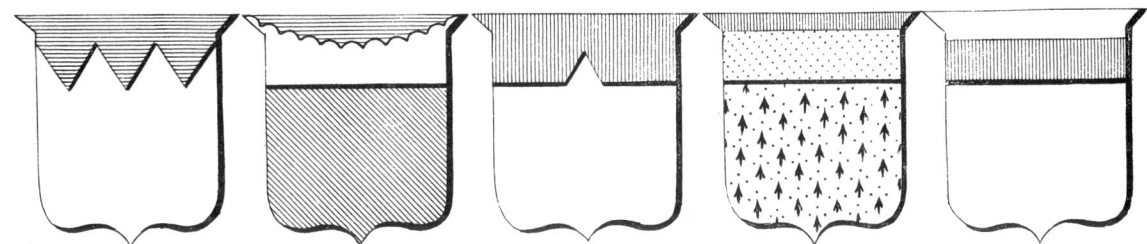

0047   0048   0049   0050   0051

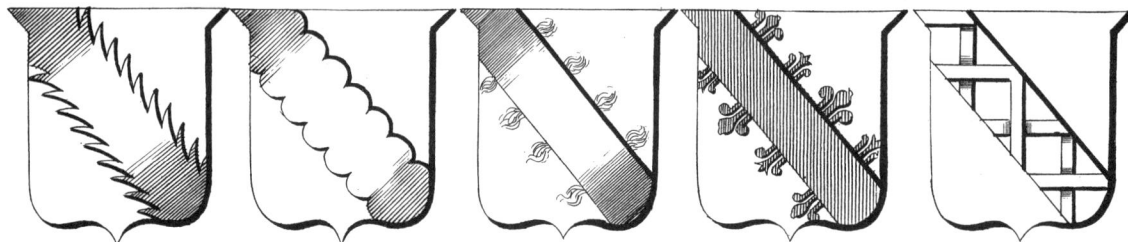

0052   0053   0054   0055   0056

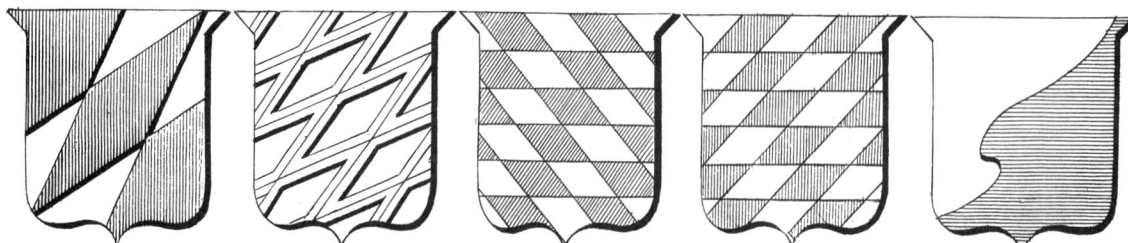

0057   0058   0059   0060   0061

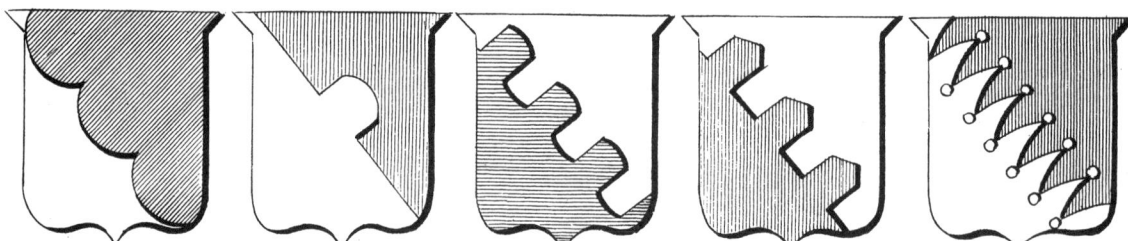

0062   0063   0064   0065   0066

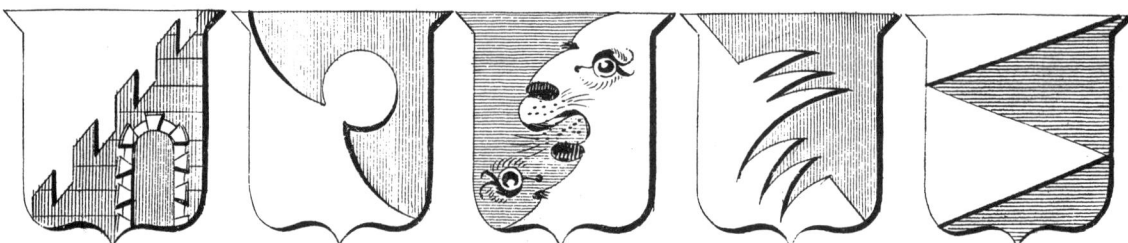

0067   0068   0069   0070   0071

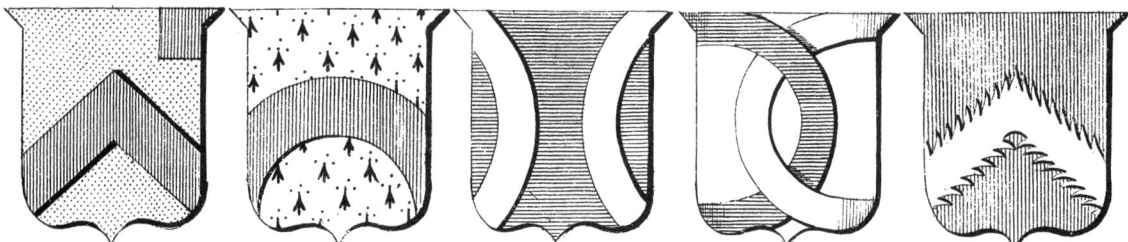

0072   0073   0074   0075   0076

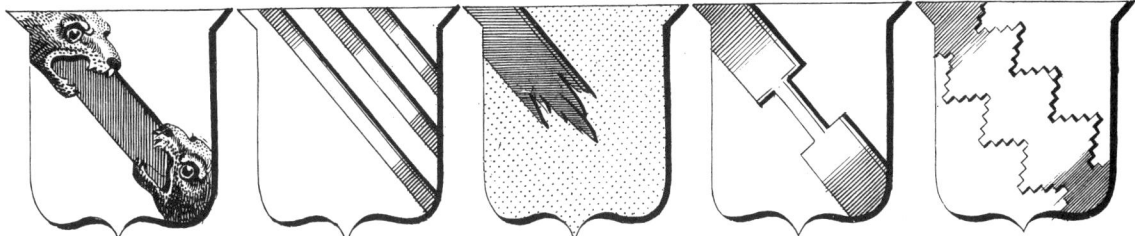

0077 0078 0079 0080 0081

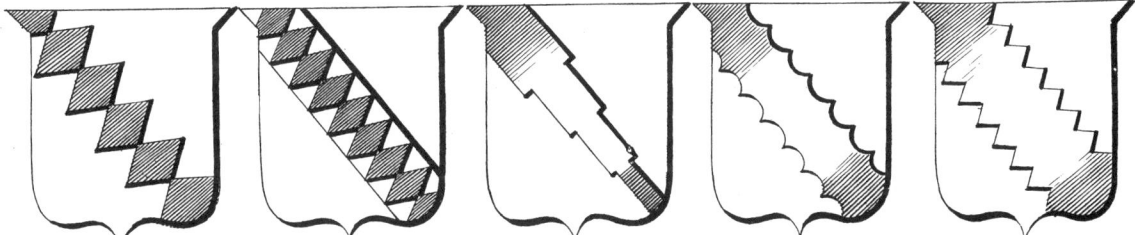

0082 0083 0084 0085 0086

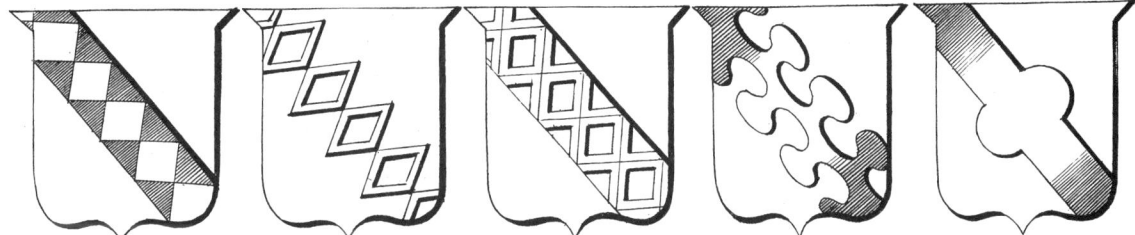

0087 0088 0089 0090 0091

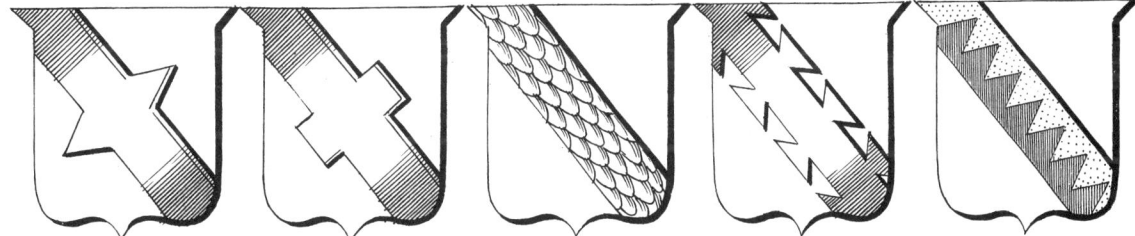

0092 0093 0094 0095 0096

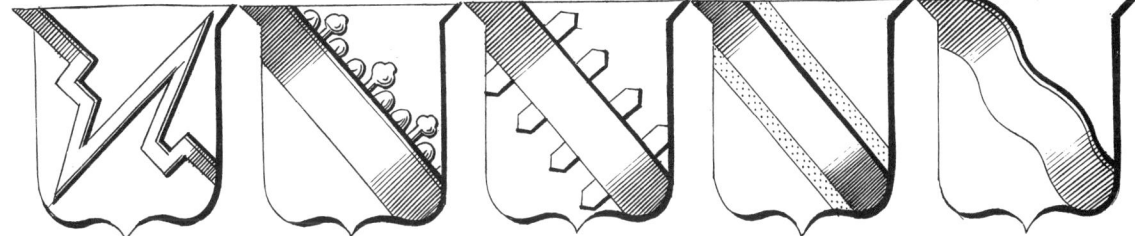

0097 0098 0099 0100 0101

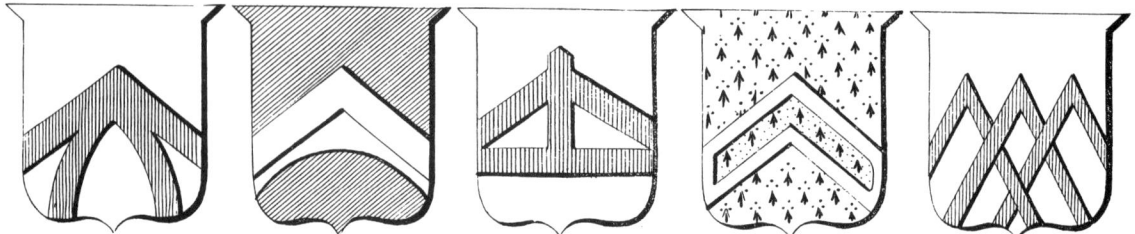

0102 0103 0104 0105 0106

0107 0108 0109 0110 0111

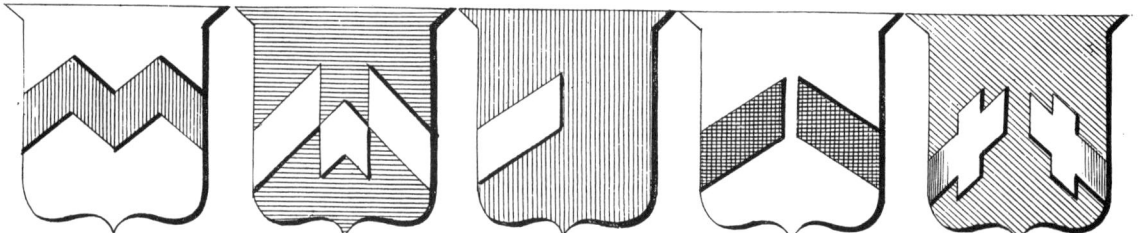

0112 0113 0114 0115 0116

0117 0118 0119 0120 0121

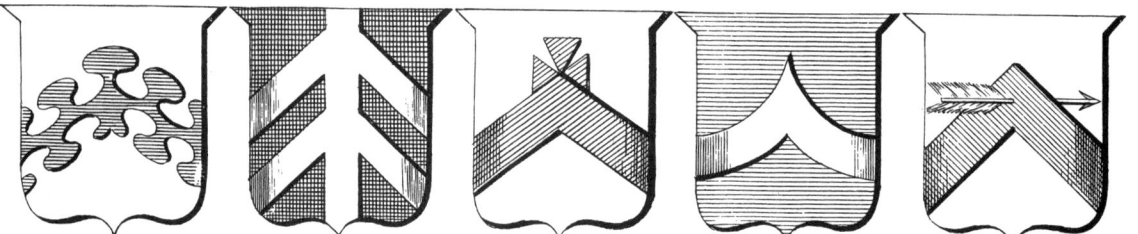

0122 0123 0124 0125 0126

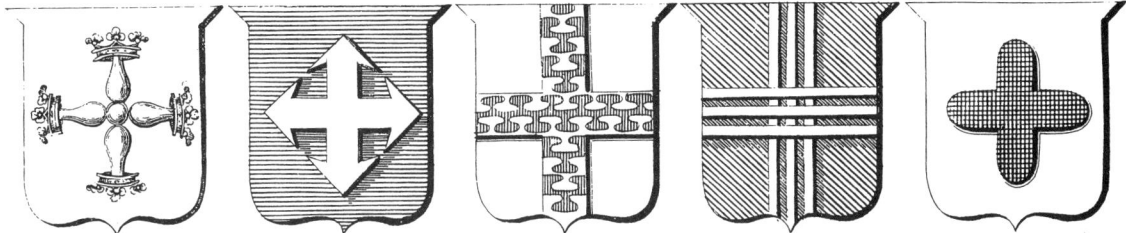

0127   0128   0129   0130   0131

0132   0133   0134   0135   0136

0137   0138   0139   0140   0141

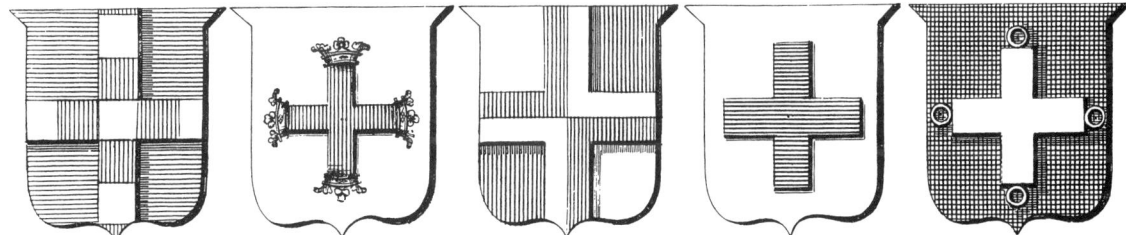

0142   0143   0144   0145   0146

0147   0148   0149   0150   0151

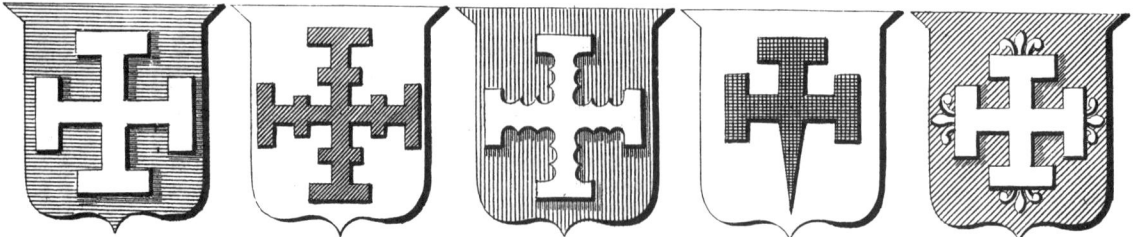

0152   0153   0154   0155   0156

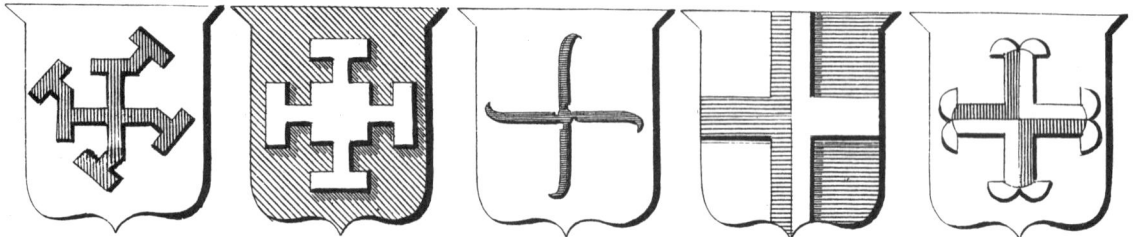

0157   0158   0159   0160   0161

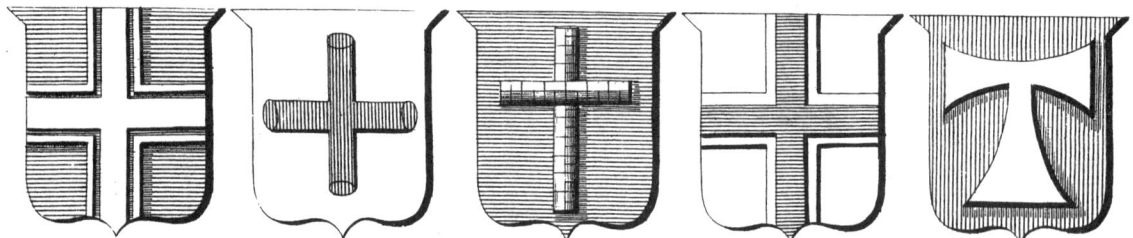

0162   0163   0164   0165   0166

0167   0168   0169   0170   0171

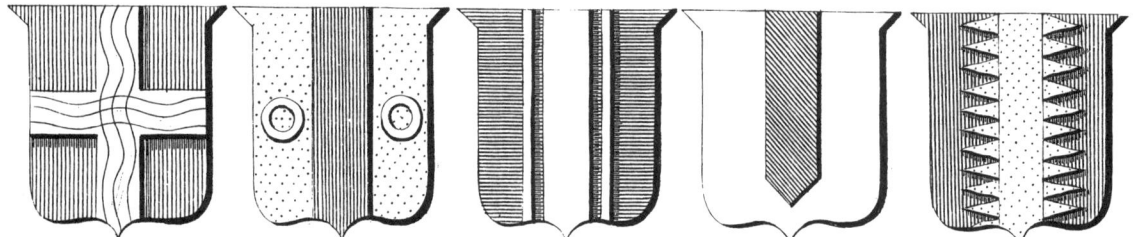

0172   0173   0174   0175   0176

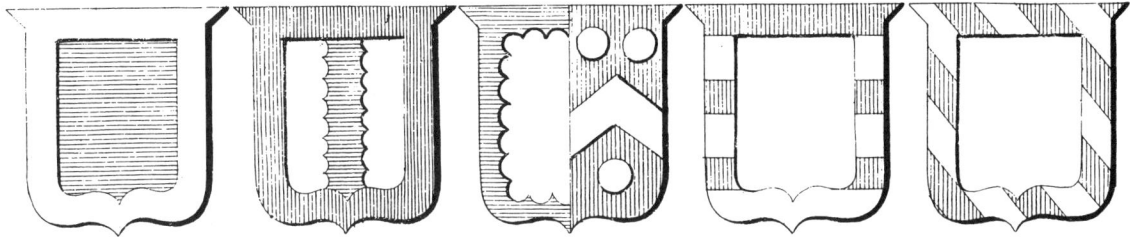

0177 0178 0179 0180 0181

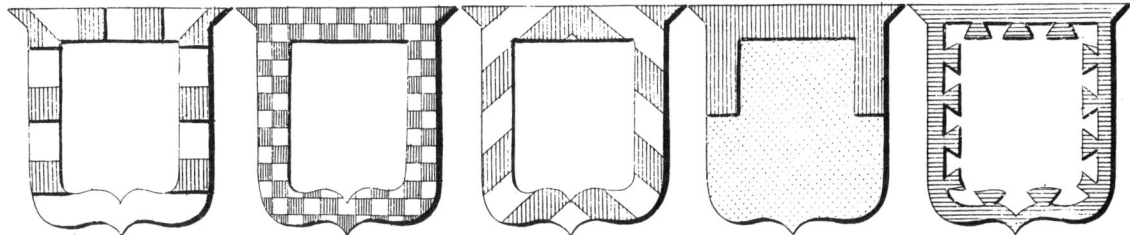

0182 0183 0184 0185 0186

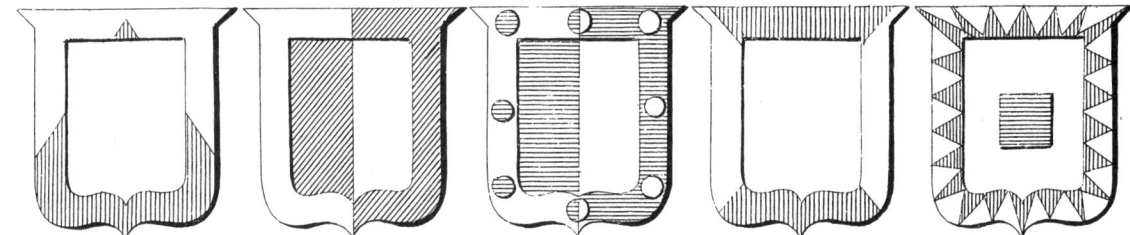

0187 0188 0189 0190 0191

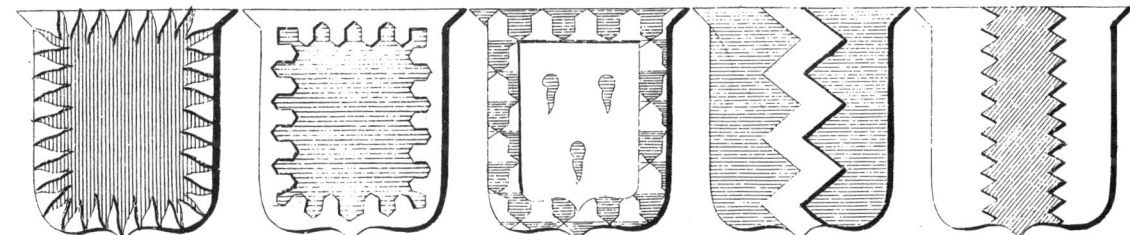

0192 0193 0194 0195 0196

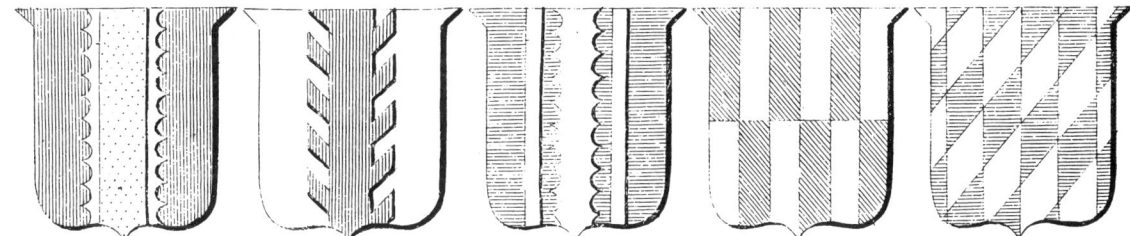

0197 0198 0199 0200 0201

0202

0203

0204

0205

0206

0207

0208

0209

0210

0211

0212

0213

0214

0215

0216

0217

0218

0219

0220

0221

0222

0223

0224

0225

0226

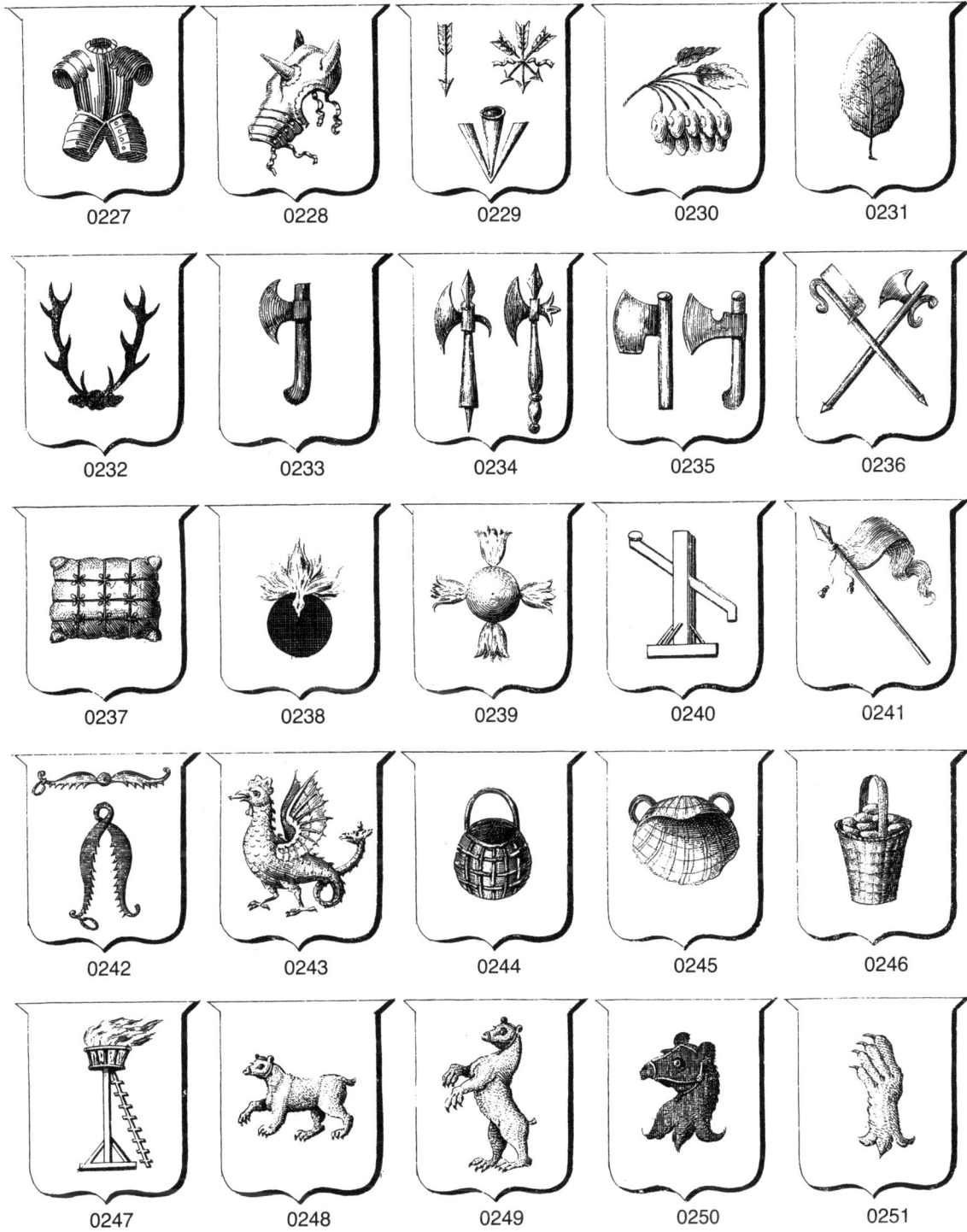

0227

0228

0229

0230

0231

0232

0233

0234

0235

0236

0237

0238

0239

0240

0241

0242

0243

0244

0245

0246

0247

0248

0249

0250

0251

0252   0253   0254   0255   0256

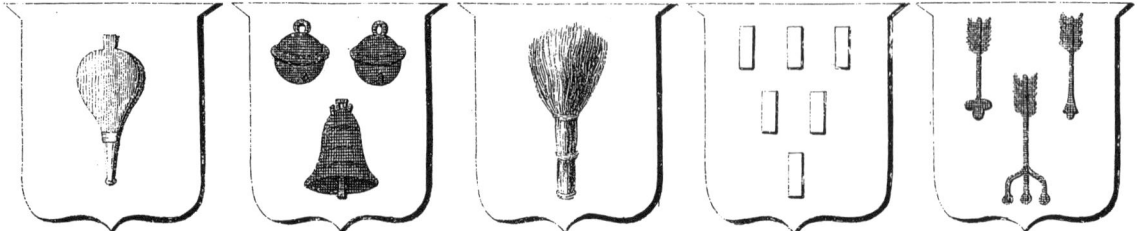

0257   0258   0259   0260   0261

0262   0263   0264   0265   0266

0267   0268   0269   0270   0271

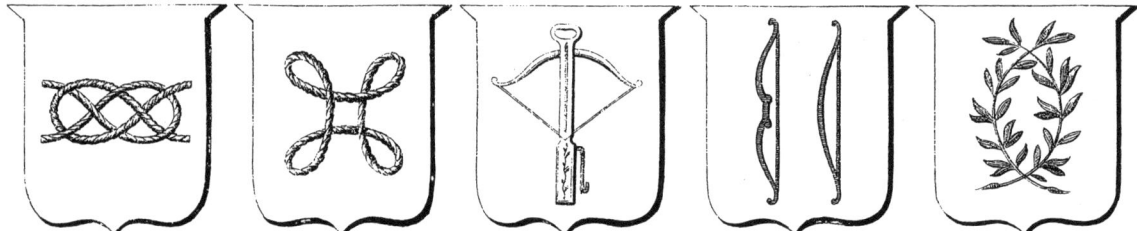

0272   0273   0274   0275   0276

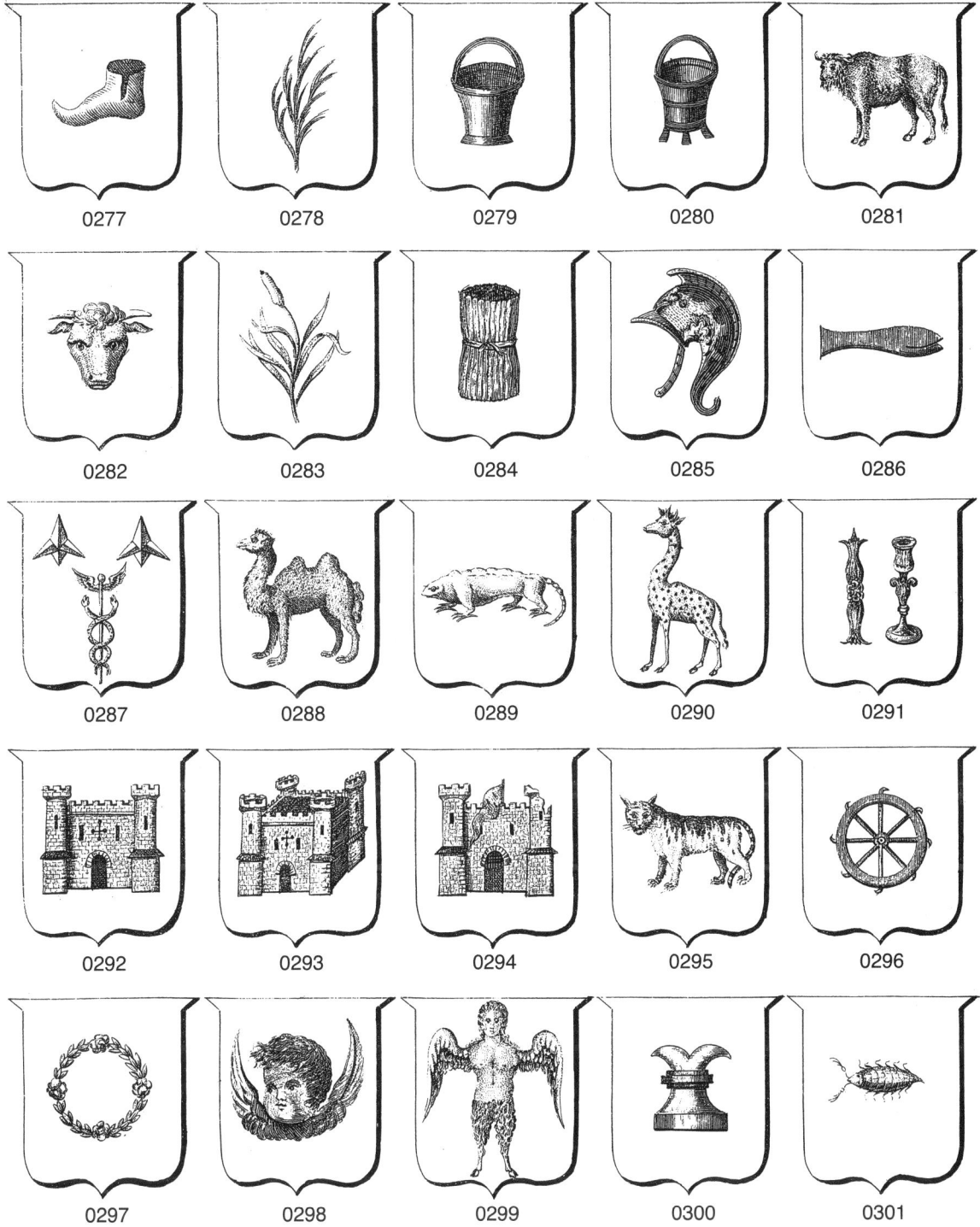

0277

0278

0279

0280

0281

0282

0283

0284

0285

0286

0287

0288

0289

0290

0291

0292

0293

0294

0295

0296

0297

0298

0299

0300

0301

0302   0303   0304   0305   0306

0307   0308   0309   0310   0311

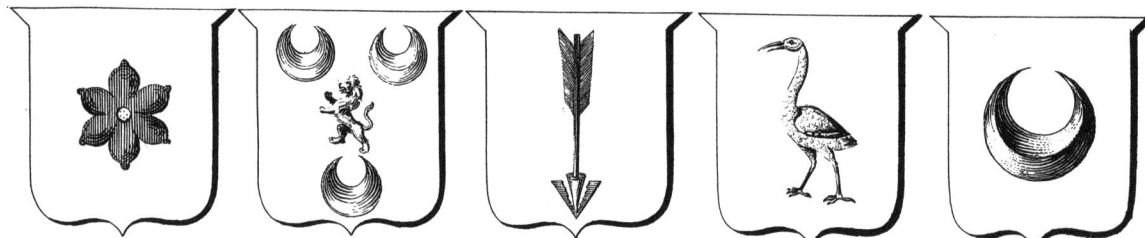

0312   0313   0314   0315   0316

0317   0318   0319   0320   0321

0322   0323   0324   0325   0326

0327

0328

0329

0330

0331

0332

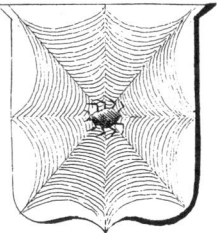

0333

0334

0335

0336

0337

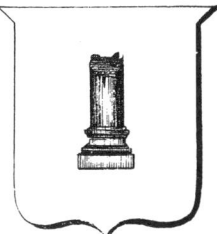

0338

0339

0340

0341

0342

0343

0344

0345

0346

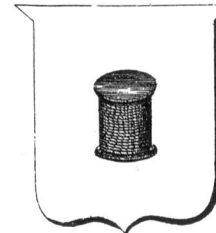

0347

0348

0349

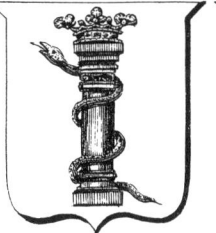

0350

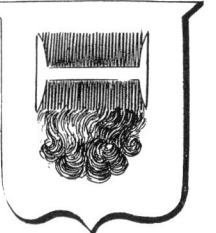

0351

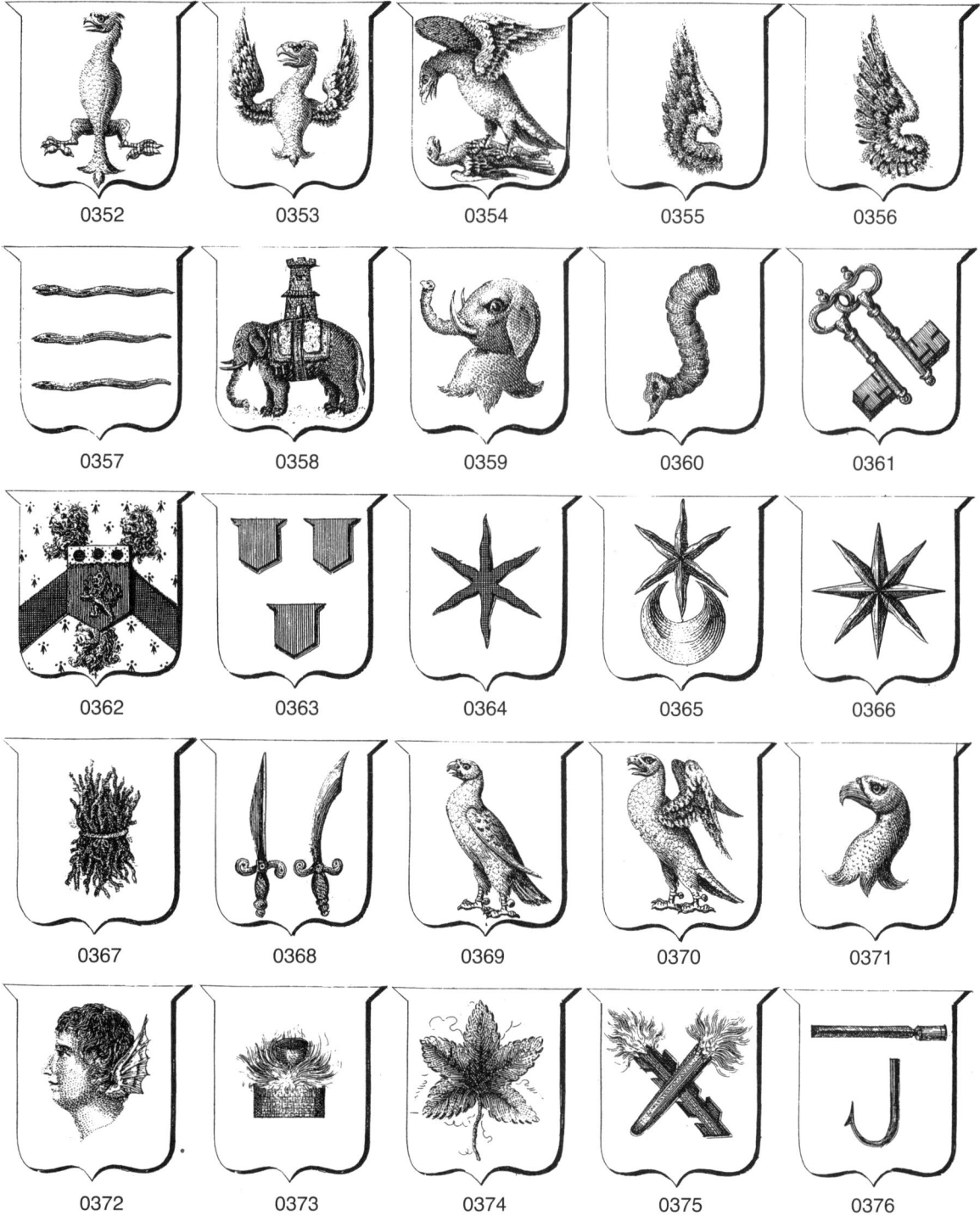

0352	0353	0354	0355	0356
0357	0358	0359	0360	0361
0362	0363	0364	0365	0366
0367	0368	0369	0370	0371
0372	0373	0374	0375	0376

0377

0378

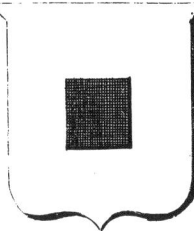
0379

0380

0381

0382

0383

0384

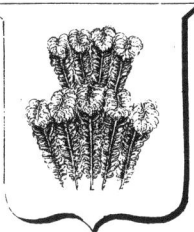
0385

0386

0387

0388

0389

0390

0391

0392

0393

0394

0395

0396

0397

0398

0399

0400

0401

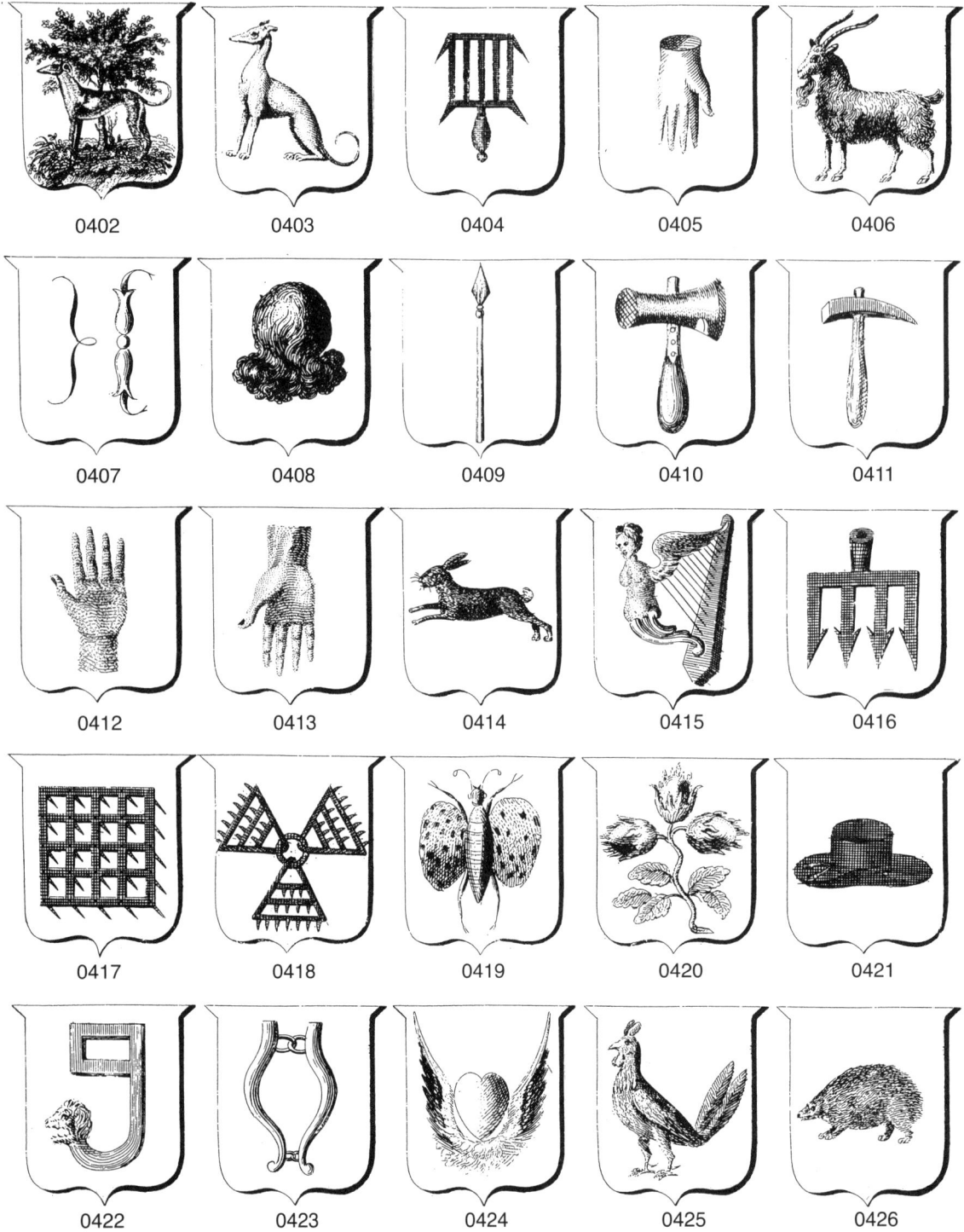

0402

0403

0404

0405

0406

0407

0408

0409

0410

0411

0412

0413

0414

0415

0416

0417

0418

0419

0420

0421

0422

0423

0424

0425

0426

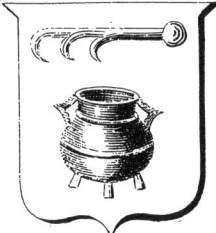
0427

0428

0429

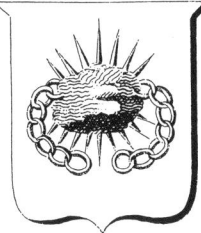
0430

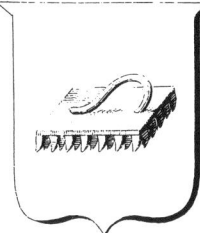
0431

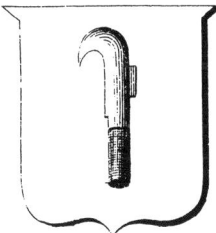
0432

0433

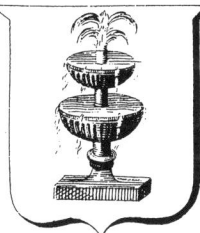
0434

0435

0436

0437

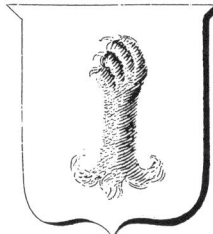
0438

0439

0440

0441

0442

0443

0444

0445

0446

0447

0448

0449

0450

0451

0452   0453   0454   0455   0456

0457   0458   0459   0460   0461

0462   0463   0464   0465   0466

0467   0468   0469   0470   0471

0472   0473   0474   0475   0476

0477   0478   0479   0480   0481

0482   0483   0484   0485   0486

0487   0488   0489   0490   0491

0492   0493   0494   0495   0496

0497   0498   0499   0500   0501

0502   0503   0504   0505   0506

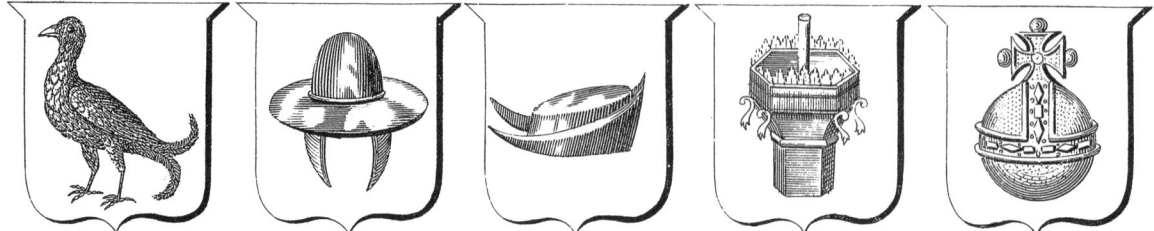

0507   0508   0509   0510   0511

0512   0513   0514   0515   0516

0517   0518   0519   0520   0521

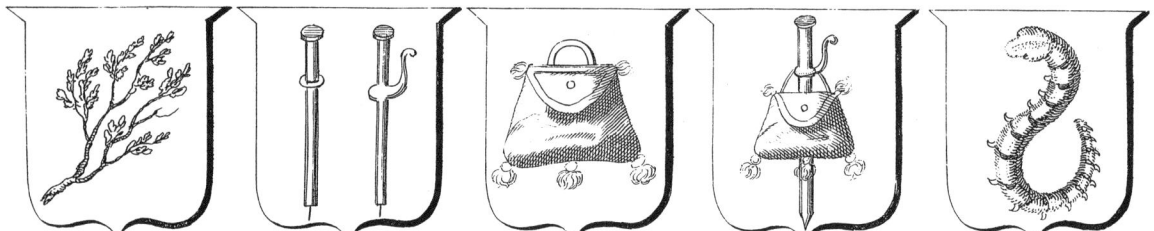

0522   0523   0524   0525   0526

0527

0528

0529

0530

0531

0532

0533

0534

0535

0536

0537

0538

0539

0540

0541

0542

0543

0544

0545

0546

0547

0548

0549

0550

0551

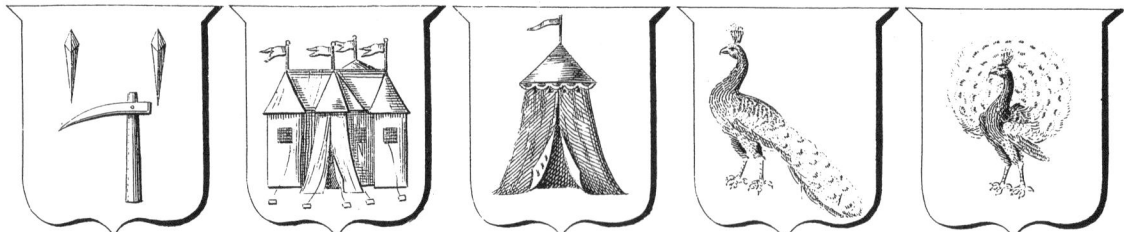

0552   0553   0554   0555   0556

0557   0558   0559   0560   0561

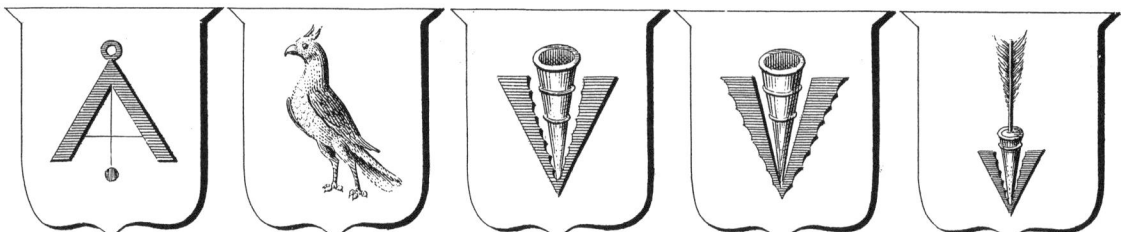

0562   0563   0564   0565   0566

0567   0568   0569   0570   0571

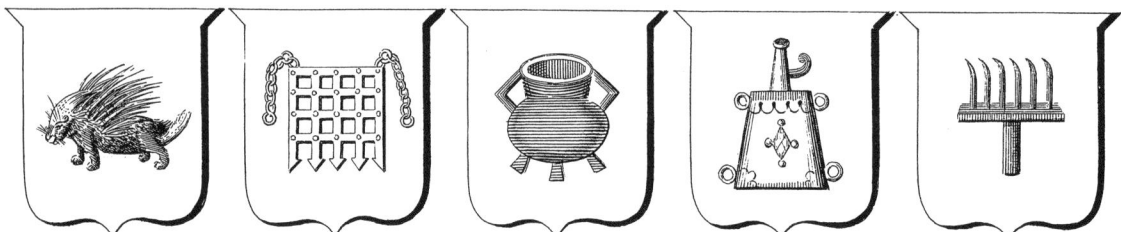

0572   0573   0574   0575   0576

0577   0578   0579   0580   0581

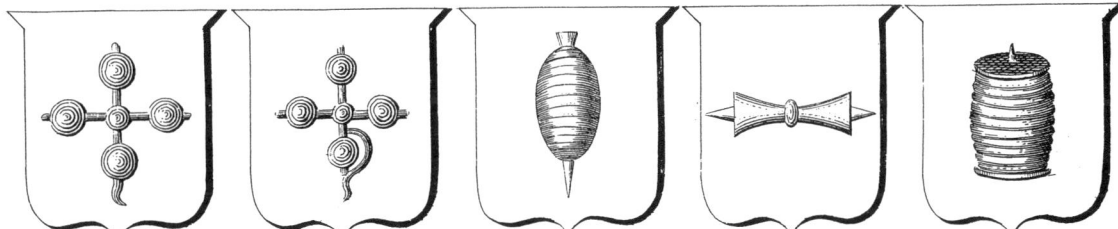

0582   0583   0584   0585   0586

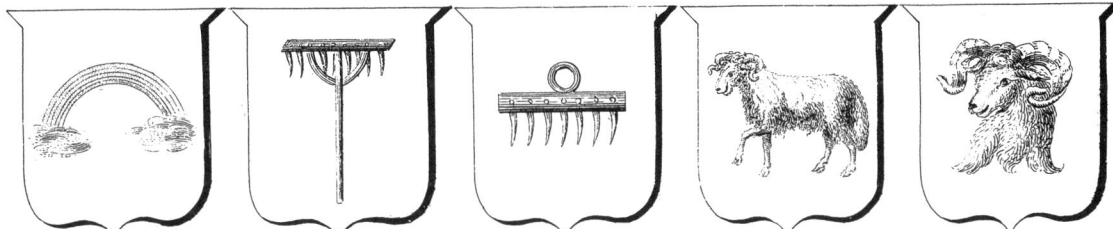

0587   0588   0589   0590   0591

0592   0593   0594   0595   0596

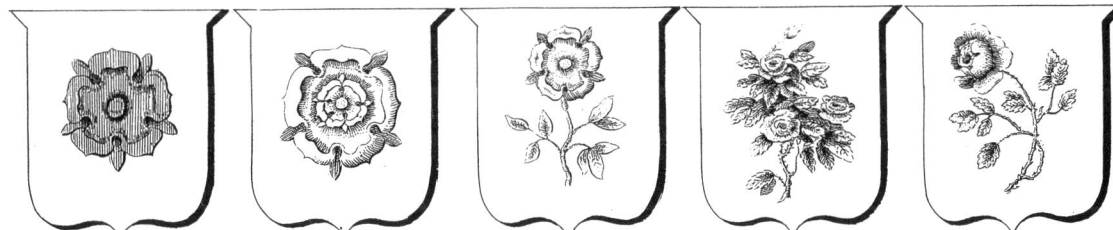

0597   0598   0599   0600   0601

0602

0603

0604

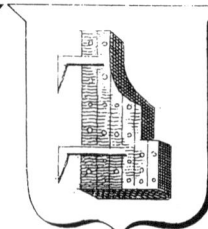
0605

0606

0607

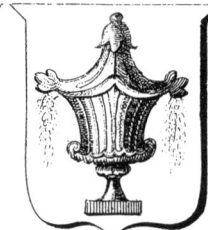
0608

0609

0610

0611

0612

0613

0614

0615

0616

0617

0618

0619

0620

0621

0622

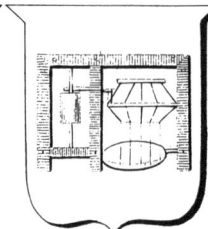
0623

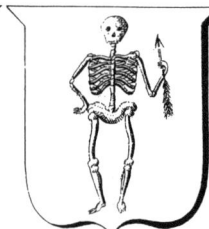
0624

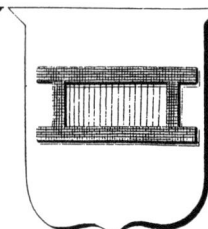
0625

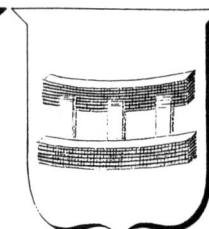
0626

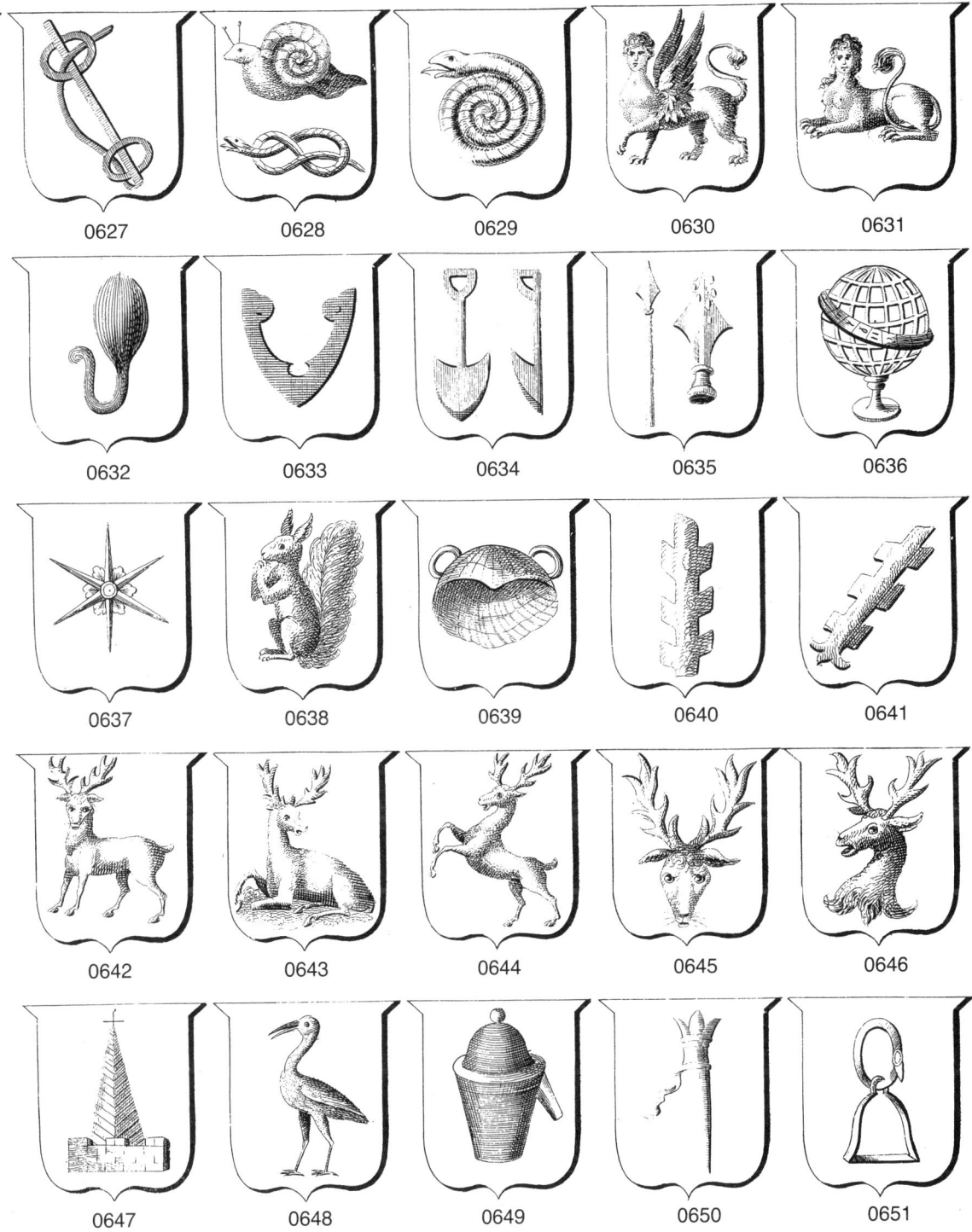

0627 0628 0629 0630 0631

0632 0633 0634 0635 0636

0637 0638 0639 0640 0641

0642 0643 0644 0645 0646

0647 0648 0649 0650 0651

0652   0653   0654   0655   0656

0657   0658   0659   0660   0661

0662   0663   0664   0665   0666

0667   0668   0669   0670   0671

0672   0673   0674   0675   0676

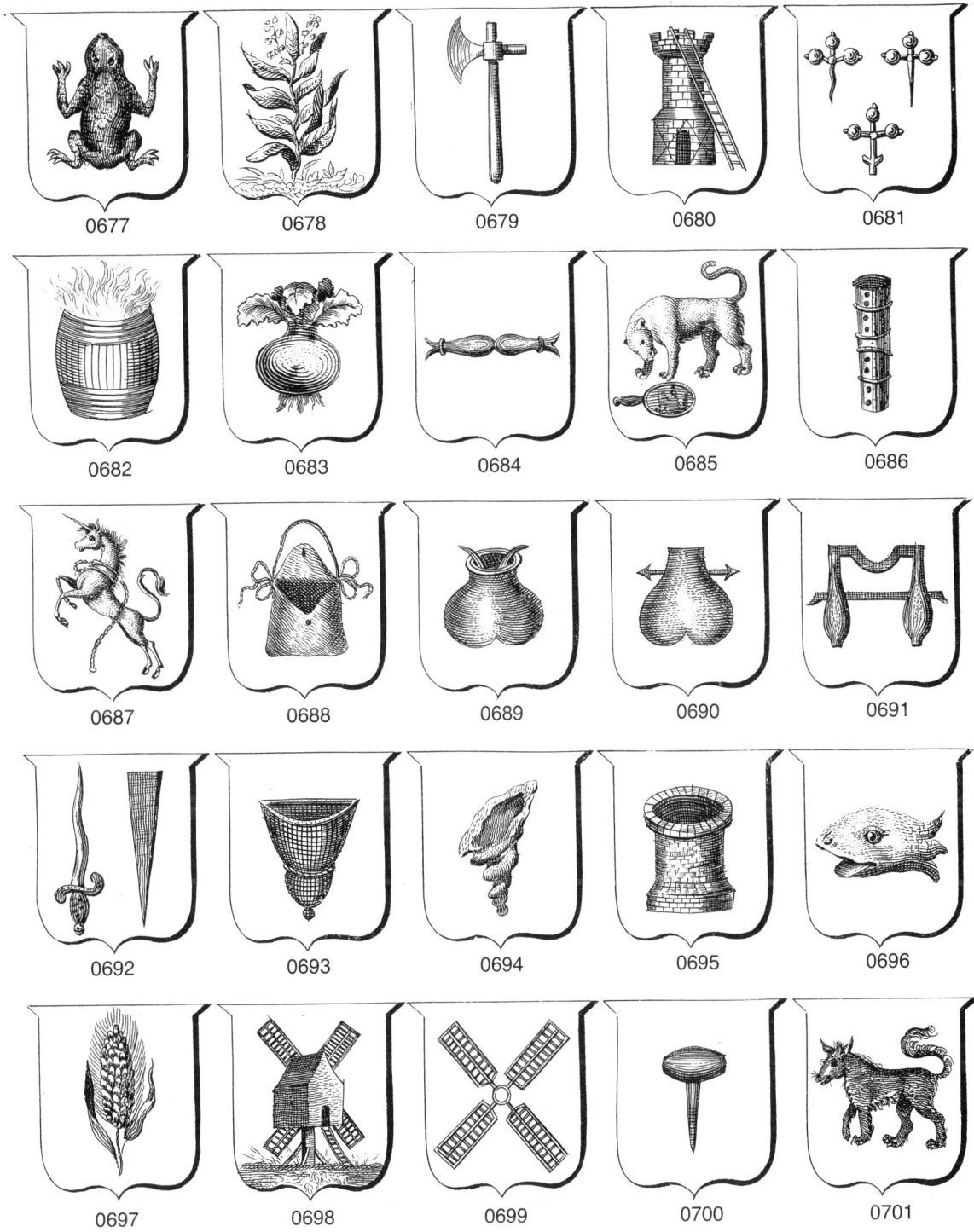

0677

0678

0679

0680

0681

0682

0683

0684

0685

0686

0687

0688

0689

0690

0691

0692

0693

0694

0695

0696

0697

0698

0699

0700

0701

29

0702   0703   0704   0705   0706

0707   0708   0709   0710   0711

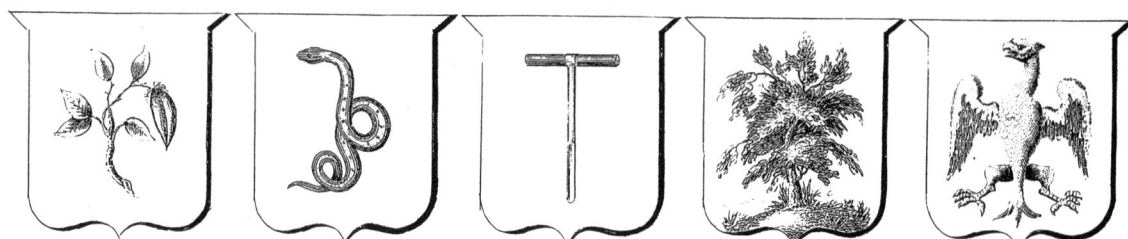

0712   0713   0714   0715   0716

0717   0718   0719   0720   0721

0722   0723   0724   0725   0726

0727　　0728　　0729　　0730　　0731

0732　　0733　　0734　　0735　　0736

0737　　0738　　0739　　0740　　0741

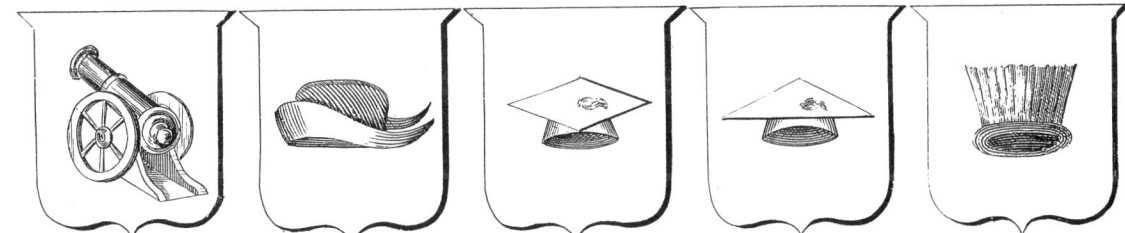

0742　　0743　　0744　　0745　　0746

0747　　0748　　0749　　0750　　0751

0752   0753   0754   0755   0756

0757   0758   0759   0760   0761

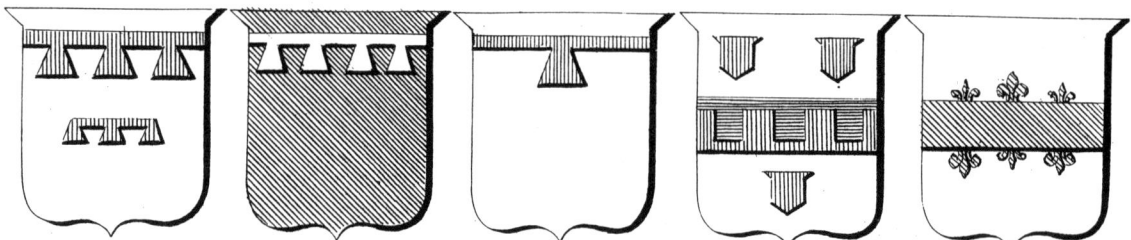

0762   0763   0764   0765   0766

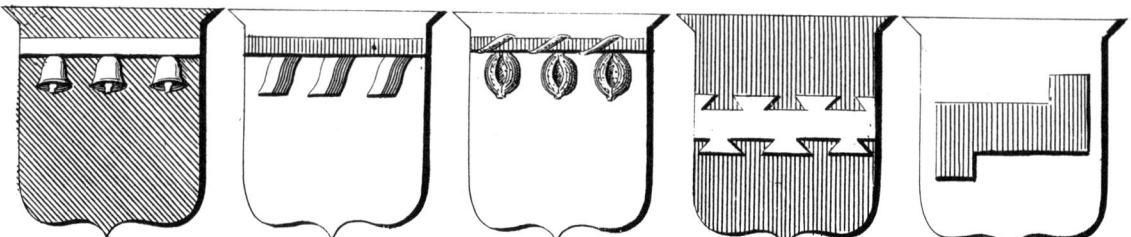

0767   0768   0769   0770   0771

0772   0773   0774   0775   0776

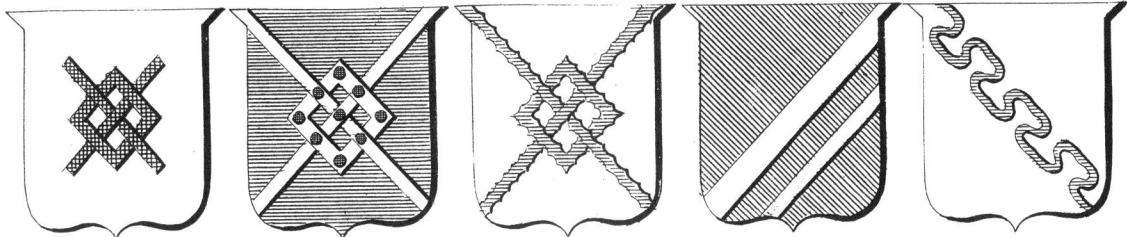

0777　　　0778　　　0779　　　0780　　　0781

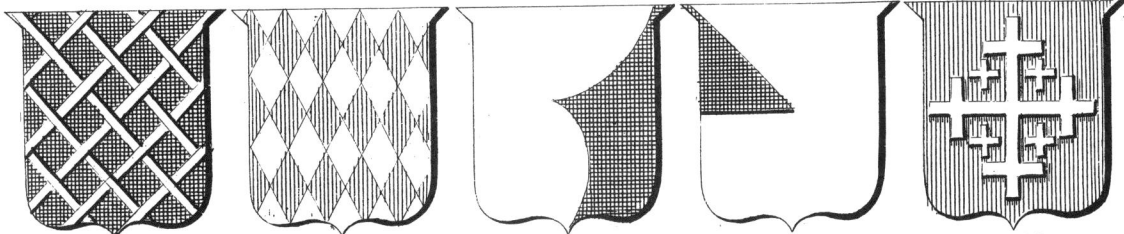

0782　　　0783　　　0784　　　0785　　　0786

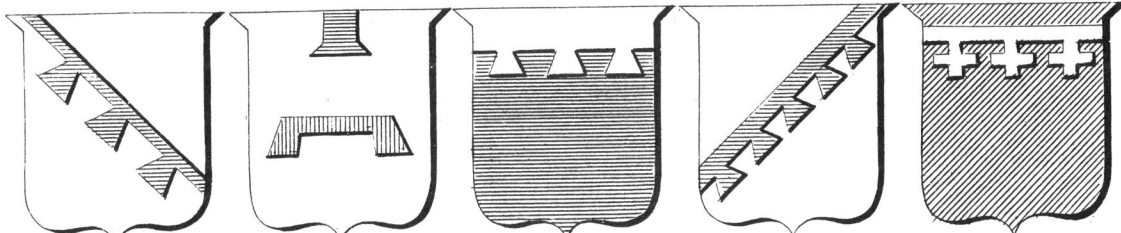

0787　　　0788　　　0789　　　0790　　　0791

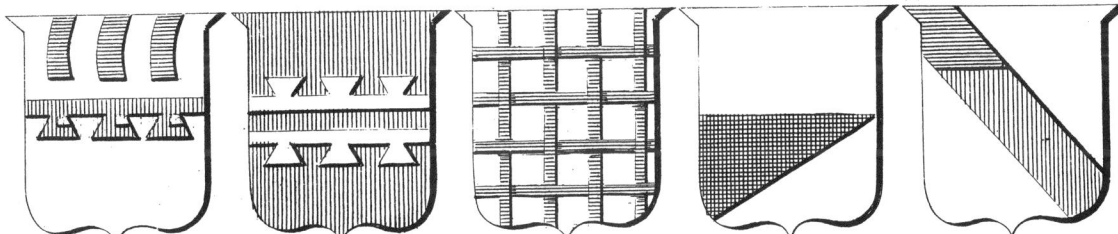

0792　　　0793　　　0794　　　0795　　　0796

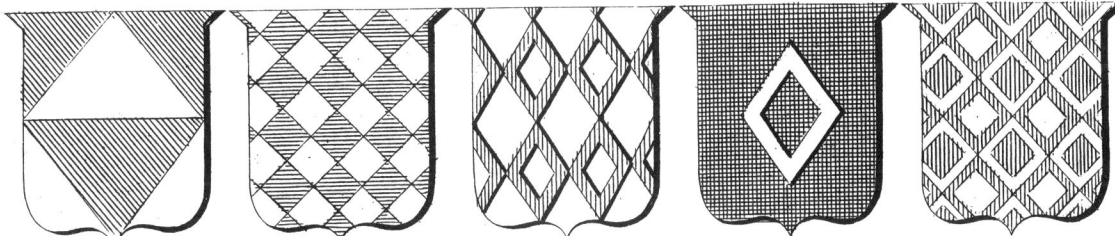

0797　　　0798　　　0799　　　0800　　　0801

0802 0803 0804 0805 0806

0807 0808 0809 0810 0811

0812 0813 0814 0815 0816

0817 0818 0819 0820 0821

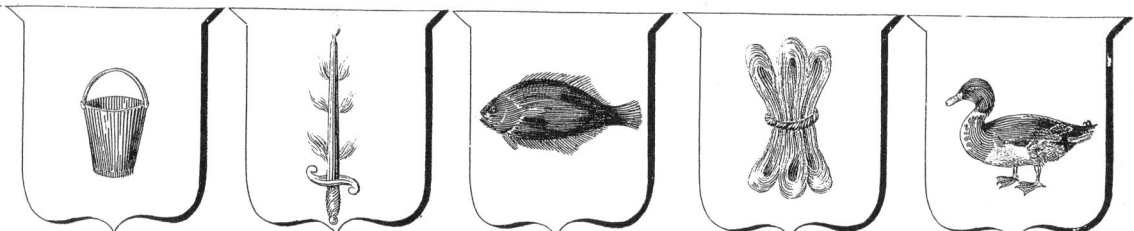

0822 0823 0824 0825 0826

0827   0828   0829   0830   0831

0832   0833   0834   0835   0836

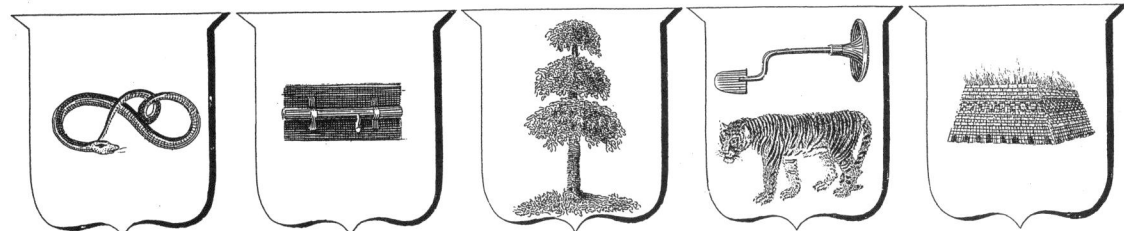

0837   0838   0839   0840   0841

0842   0843   0844   0845   0846

0847   0848   0849   0850   0851

0852   0853   0854   0855   0856

0857   0858   0859   0860   0861

0862   0863   0864   0865   0866

0867   0868   0869   0870   0871

0872   0873   0874   0875   0876

0877

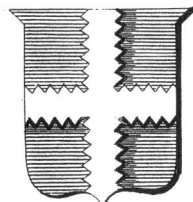
0878

0879

0880

0881

0882

0883

0884

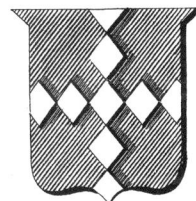
0885

0886

0887

0888

0889

0890

0891

0892

0893

0894

0895

0896

0897

0898

0899

0900

0901

0902

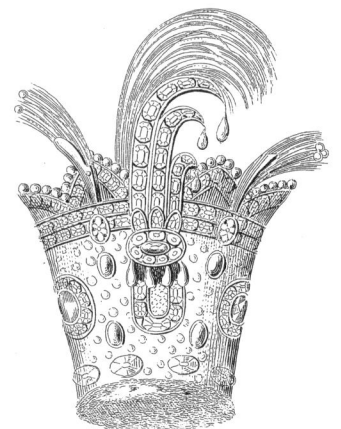

0903

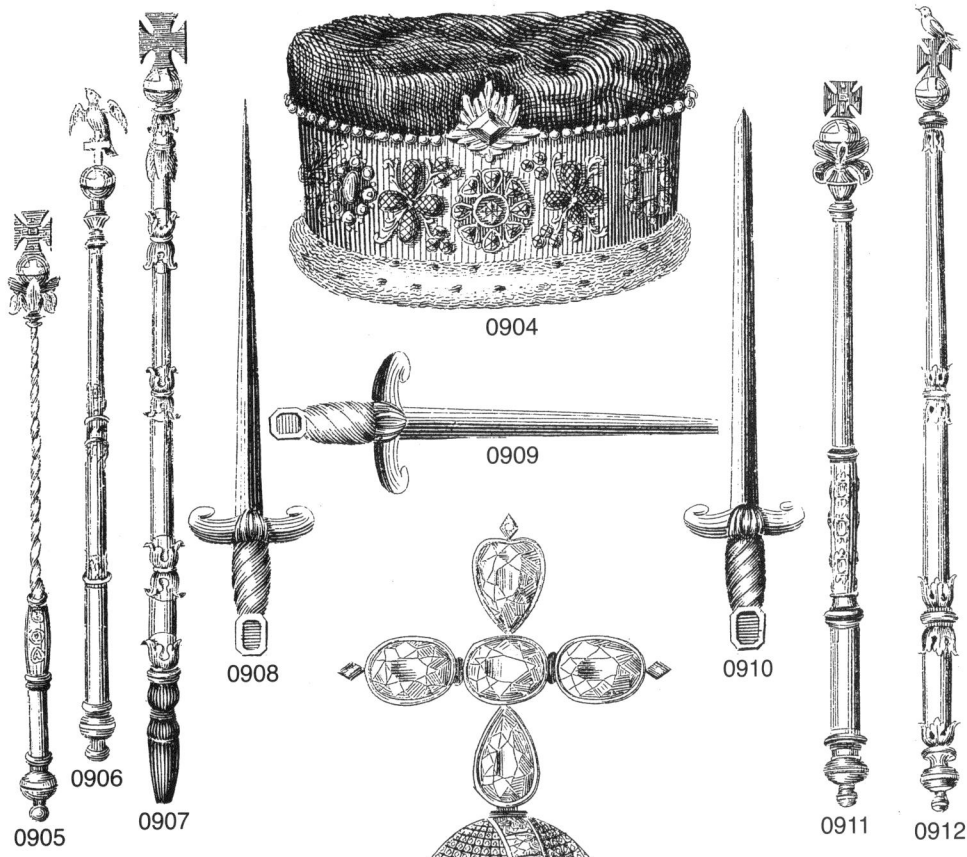

0904

0905 0906 0907 0908 0909 0910 0911 0912

0913

0914

0915

0916

0917

0918

0919

0920

0921

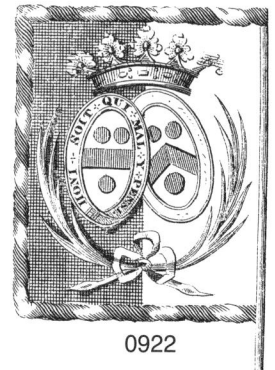

0922

STEADY

PRO PATRLE

STEADY

0923

41

0924

0925

0926

0927

0928

0929

0930

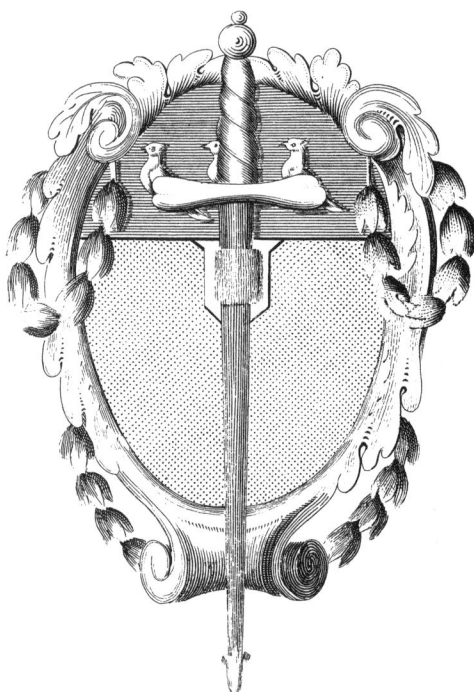

0931

0932

0933

42

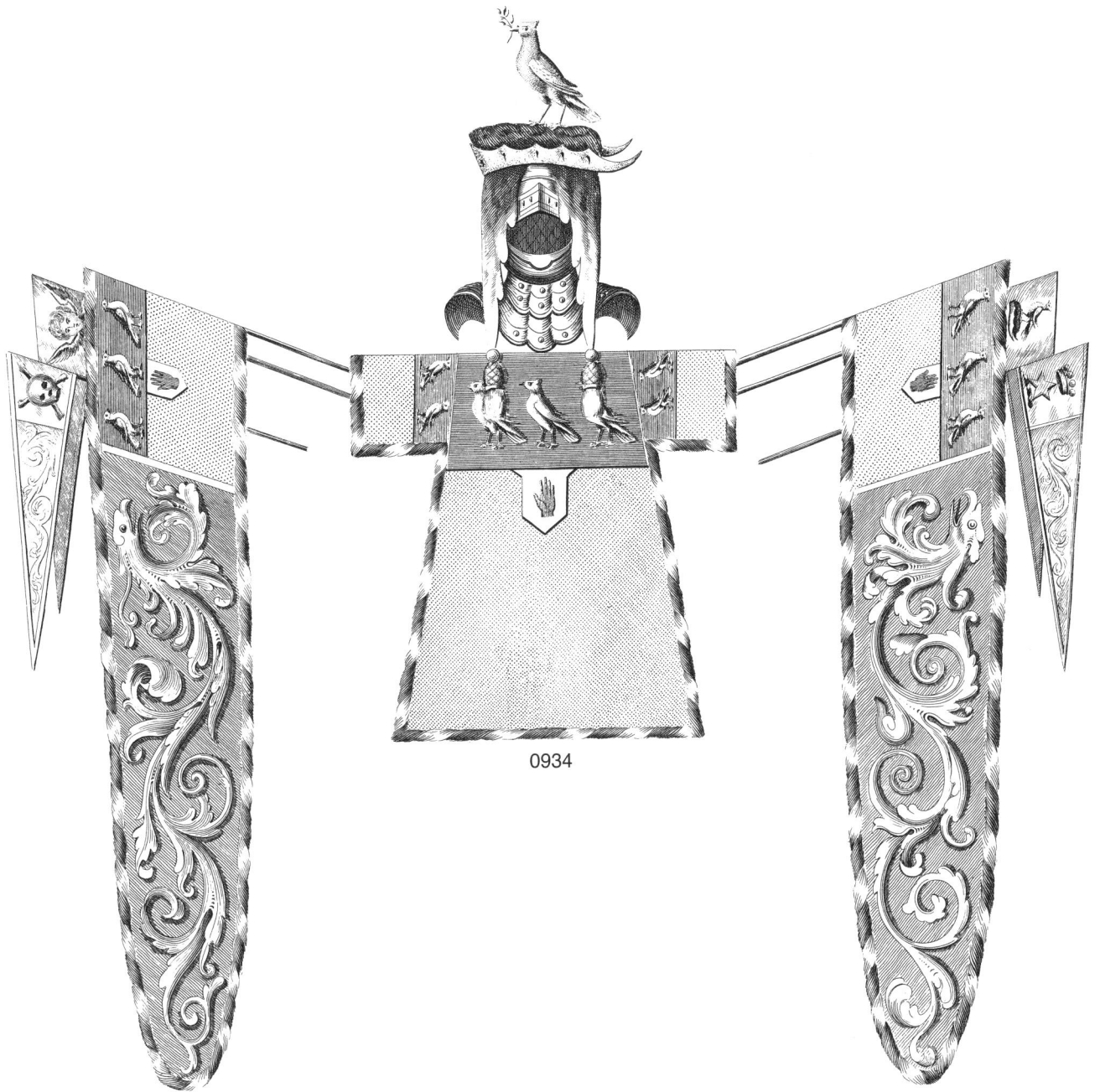

0934

0935

0936

0937

0938

0939

0940

0941

0943

0942

0944

0945

0946

0947

0948

0949

44

0950

0951

0952

0953

0954

0955

0956

0957

0958

0959

0960

0961

0962

0963

0964

0965

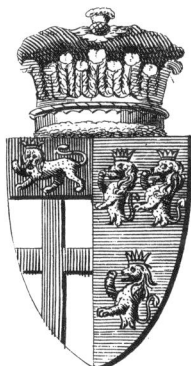
0966

0967

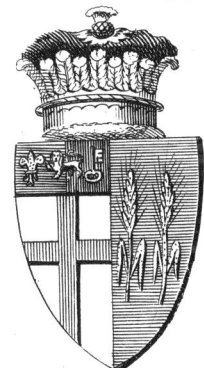
0968

0969

0970

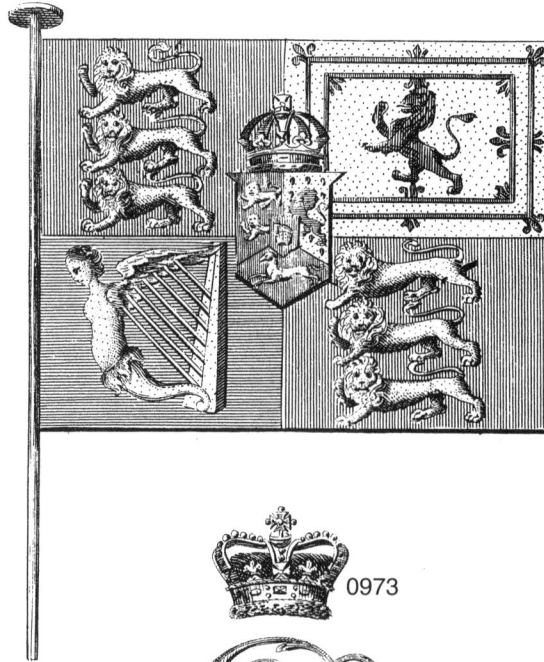

0972

0971

0974

0973

0976

0975

0977

0978

0979

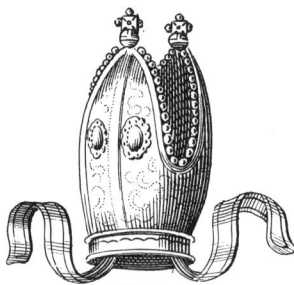

0980

0981

0983

0982

0984

0985

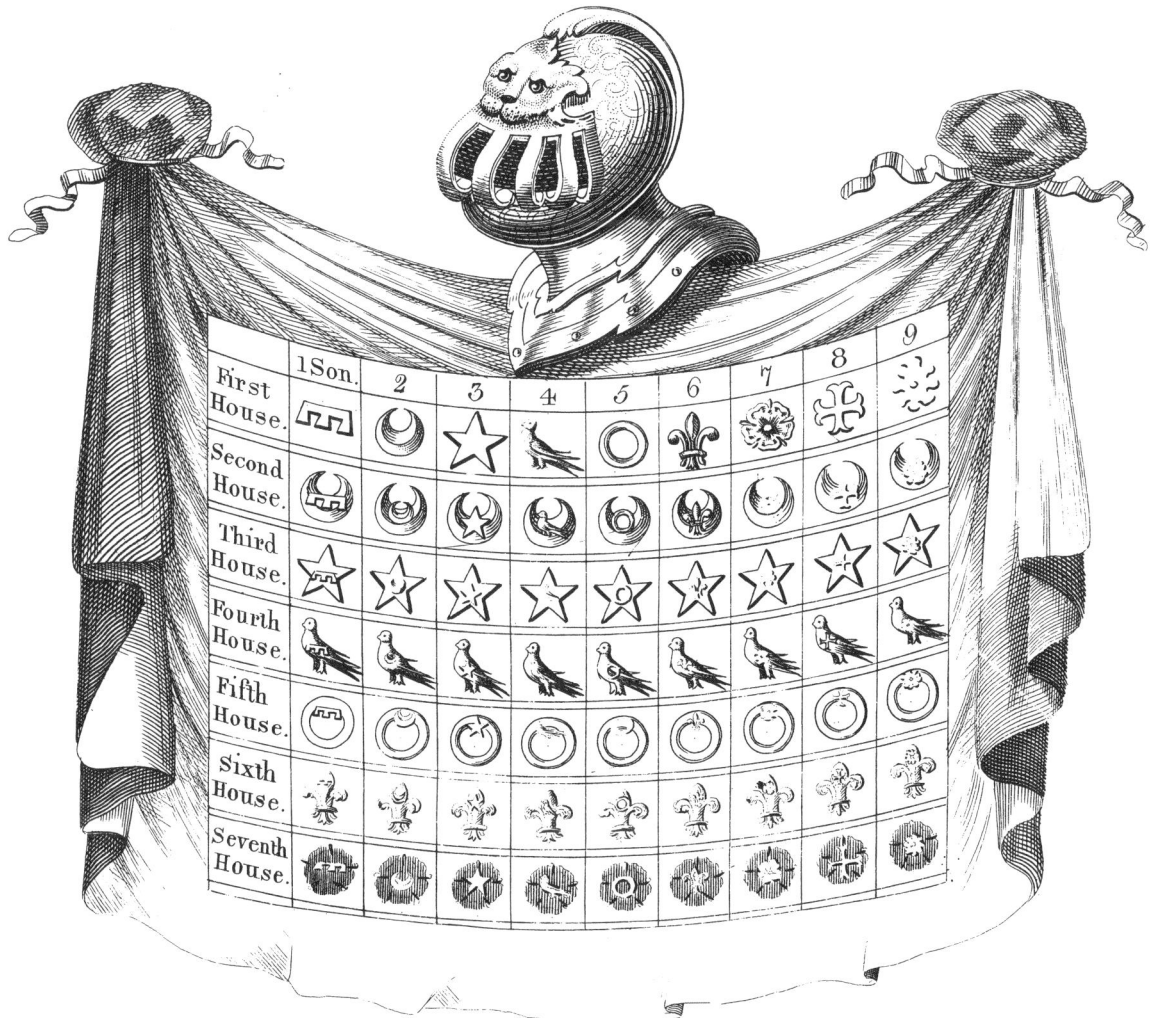

	1 Son.	2	3	4	5	6	7	8	9
First House.									
Second House.									
Third House.									
Fourth House.									
Fifth House.									
Sixth House.									
Seventh House.									

0986

47

0987

0988

0990

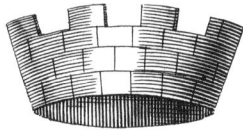

0989

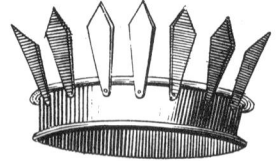

0991

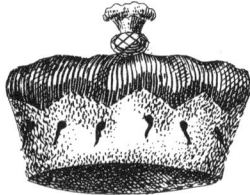

0992

0993

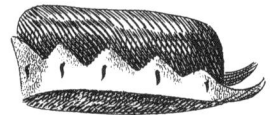

0994

0995

0996

0997

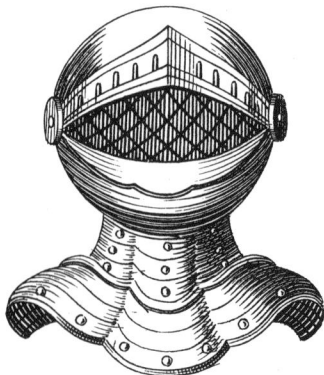

0998

0999

1000